CARLOS MESTERS
FRANCISCO OROFINO

Viver e celebrar nosso BATISMO

A catequese batismal do Evangelho de João

EDITORA
SANTUÁRIO

Dados Internacionais de Catalogação na Publicação (CIP) de acordo com ISBD

M586v Mesters, Carlos

Viver e celebrar nosso Batismo / Carlos Mesters, Francisco Orofino. - Aparecida : Editora Santuário, 2021.
48 p. ; 11cm x 15cm.

Inclui índice.
ISBN: 978-65-5527-135-5

1. Religião. 2. Cristianismo. 3. Batismo. I. Orofino, Francisco. II. Título.

2021-3303 CDD 240
CDU 24

Elaborado por Vagner Rodolfo da Silva - CRB-8/9410

Índice para catálogo sistemático:
1. Religião : Cristianismo 240
2. Religião : Cristianismo 24

1ª impressão

Rua Pe. Claro Monteiro, 342 – 12570-000 – Aparecida-SP
Tel.: 12 3104-2000 – Televendas: 0800 - 0 16 00 04
www.editorasantuario.com.br
vendas@editorasantuario.com.br

Entrando no assunto

Buscando colocar em prática o Evangelho de Jesus, as comunidades cristãs eram portadoras de um gesto tremendamente revolucionário para aquela época: o batismo. Todas as pessoas eram convidadas ao gesto *"Eu te batizo em nome do Pai, do Filho e do Espírito Santo. Amém!"* (cf. Mt 28,19). Segundo o apóstolo Paulo, o batismo era a declaração da igualdade de todos diante de Deus. Deus não faz acepção de pessoas (At 15,9; Gl 2,6). Por isso, segundo Paulo, em sua carta aos gálatas, "não há mais nem homem nem mulher, nem escravo nem livre, nem grego nem bárbaro nem judeu". Todos são iguais diante de Deus (cf. Gl 3,28). Não havia distinção na celebração batismal. Ela era rigorosamente igual para todos. Diante dos conflitos existentes em Corinto, por causa do batismo, Paulo ensina: *"Portanto, ninguém coloque seu orgulho nos homens, pois tudo pertence a vocês: Paulo, Apolo, Pedro, o mundo, a vida, a morte, as coisas presentes e as futuras. Tudo é de vocês. Mas vocês são de Cristo e Cristo é de Deus"* (1Cor 3,21-23). Como costumamos cantar: *"Somos todos iguais, braços dados ou não..."*

O Evangelho de João levou muito tempo para ser escrito. As comunidades ligadas ao Discípulo Amado surgiram na Galileia. A tradição informa que, no fim do primeiro século, elas migraram e, no começo do segundo século, elas se encontravam na Ásia Menor, em torno da cidade de Éfeso. Eram comunidades abertas e acolhedoras que reuniam galileus, judeus, samaritanos e helenistas. Elas não perguntavam de onde a pessoa vinha. Mas todas as pessoas que buscavam as comunidades deveriam passar pelo batismo. A Catequese Batismal servia de roteiro para que as pessoas pudessem se decidir a entrar no seguimento de Jesus.

Nessas reuniões catequéticas, tanto de iniciação quanto de perseverança, as pessoas aprofundavam o testemunho original transmitido pelo Discípulo Amado. Esse testemunho era enriquecido por uma grande variedade de elementos da vida cotidiana, transformados em símbolos da novidade trazida por Jesus: festa, bodas, água, vinho, pão, templo, corpo, poço, luz, trevas, doença, cura etc. Partindo de exemplos do Antigo Testamento, as comunidades procuravam aprofundar o significado de sua fé em Jesus, acentuando, sobretudo, o serviço fraterno e amoroso, simbolizado na mesa compartilhada (cf. Jo 6,5-13; 13,34).

No Quarto Evangelho não aparecem os inúmeros milagres de Jesus como nos outros evangelhos. João tem clareza de que, entre os milagres de Jesus, ele seleciona alguns *sinais* para que as pessoas, por meio desses sinais realizados por Jesus, pudessem crer que ele é "o Cristo, o Filho de Deus, e para que, crendo, tenham a vida eterna em seu nome" (Jo 20,30-31). Assim, em um conjunto catequético, chamado Livro dos Sinais (Jo 1,19 até 11,54), João preservou sete sinais prodigiosos de Jesus:

1. A transformação da água em vinho nas bodas em Caná da Galileia (Jo 2,1-11).
2. A cura do jovem filho do oficial real em Caná da Galileia (Jo 4,46-54).
3. A cura do homem com 38 anos de paralisia em Jerusalém (Jo 5,1-18).
4. A multiplicação dos pães em terras pagãs (Jo 6,1-15).
5. A caminhada sobre o mar da Galileia (Jo 6,16-21).

6. A cura do cego de nascença em Jerusalém (Jo 9,1-41).
7. A ressurreição de Lázaro em Betânia (Jo 11,1-44).

João tem consciência de que selecionou apenas sete sinais, já que mais adiante ele vai dizer que "Jesus fez muitos outros sinais ainda, que não estão escritos neste livro" (Jo 21,25). Por que então apenas sete sinais? É que, para João, cada sinal desse exige uma tomada de posição por parte das pessoas. Essa posição pode ser a favor ou contra Jesus. Mas o objetivo catequético desses sinais é suscitar a fé nas pessoas (cf. Jo 2,11; 3,2; 4,54).

A palavra "sinal" em latim é "sacramento". Até hoje nós temos sete sacramentos, sete sinais, por meio dos quais podemos penetrar no mistério da vida de Jesus e descobri-lo como verdadeiro Messias e Filho de Deus (Jo 1,14; 2,11; 20,30-31). Por meio desses sete sinais, a comunidade cristã pode ter certeza de que, em Jesus, Deus continua com seu povo, em uma nova Aliança para a liberdade do Reino.

Diante da seriedade e da radicalidade da proposta cristã, as comunidades eram bastante criteriosas na admissão de novas pessoas ao batismo. Só eram admitidas as pessoas que passassem por um tempo de formação e de provação. Segundo alguns documentos, esse tempo era de três anos, no mínimo.

Sabemos pouco do esquema formativo catequético usado pelas comunidades na preparação dos catecúmenos. Mas sabemos que nesse processo de formação eles usavam muito as Escrituras, principalmente os Evangelhos e os Salmos. Por isso nesta nossa reflexão sobre o batismo, vamos aprofundar o esquema da catequese batismal, segundo o Evangelho de João, tal como eles usavam naquele tempo. Esse esquema encontra-se hoje nos capítulos 2 a 4 do evangelho e segue os seguintes seis passos que neste livro nós vamos percorrer em seis Círculos Bíblicos:

1. Jo 2,1-12: Primeiro Sinal: as bodas em Caná da Galileia.
2. Jo 2,13-21: O corpo humano é o mais perfeito templo de Deus.
3. Jo 2,22 até 3,21: O diálogo catequético entre Jesus e Nicodemos: batismo é nascer de novo.
4. Jo 3,22-36: O último testemunho de João Batista: Jesus é o noivo esperado.

5. Jo 4,1-42: O diálogo catequético entre Jesus e a samaritana: batismo é transformar-se em fonte de água viva.

6. Jo 4,43-54: Segundo Sinal: a cura do jovem em Caná da Galileia.

Esses seis passos complementam-se com o sétimo e definitivo passo, que era a participação dos batizados na paixão, morte e ressurreição de Jesus (Jo 13 a 20).

1º círculo

João 2,1-12
As Bodas de Caná
Transformar a água do Batismo no vinho do Reino de Deus

"Fazei tudo o que ele vos disser" (Jo 2,5)

Acolhida

Criar um bom ambiente. Dar as boas-vindas. Colocar as pessoas à vontade. Canto Inicial. Introduzir brevemente o assunto que vai ser refletido, meditado e rezado neste encontro. Invocar a luz do Espírito Santo.

Refletir sobre nosso Batismo

A narrativa das bodas em Caná abre a catequese batismal no evangelho de João. Tudo se passa em uma festa. Até hoje o dia do batizado é uma festa. Nessa festa está a mãe de Jesus. Jesus e seus discípulos também foram convidados. Tanto ontem como hoje, fazemos festas nos momentos marcantes de nossa vida. Algumas dessas festas estão sempre em nossa memória. De outras, esquecemo-nos. Vamos conversar sobre isso.

1. Por que o povo gosta tanto de festa?
2. Quais foram as festas marcantes em sua vida? Por que foram marcantes?
3. O que você sabe, ou se lembra, da festa de seu batismo?

Olhar para o texto na perspectiva batismal

Vamos ouvir o texto que narra as bodas de Caná. Durante a leitura vamos prestar atenção nas palavras que a Mãe de Jesus dirige aos serventes e a todas as pessoas que buscam o batismo.

Leitura do texto: **João 2,1-12**

Perguntas para a reflexão

1. O que mais chamou sua atenção nesse texto? Por quê?
2. Quais as palavras que a Mãe de Jesus dirige aos serventes?

3. Por que essas palavras são importantes para as pessoas que buscam o batismo?

4. O que Jesus pede aos serventes? Por quê?

5. Jesus começou a anunciar o Reino por meio da abundância de vinho em uma festa de casamento. O que ele quer nos ensinar com esse gesto?

Celebrar a vida nova no Batismo

Colocar em forma de prece as descobertas feitas no encontro de hoje. Após cada prece, repetir o refrão: "Ajuda-nos, Senhor, a sermos fiéis serventes da Palavra de Jesus".

Que compromissos batismais nos está pedindo a reflexão dessa Palavra de Deus?

Rezar um Salmo. Sugestão: Salmo 148 – "A festa universal".

Concluir com um Pai-nosso.

Comentários ao texto aprofundado no círculo

No Antigo Testamento, a festa de casamento já era um símbolo forte da Aliança entre Deus e o povo. Para o povo da Bíblia, casamento simboliza o perfeito relacionamento entre Deus e o povo (Os 2,16-22; Jr 31,3; 31,31-34; Ez 36,26-27). Toda a caminhada histórica do povo de Deus se resume em aguardar as núpcias definitiva entre Deus e seu povo (cf. Ap 21,1 até 22,5).

Segundo o evangelho de João, foi em uma festa assim que Jesus iniciou sua vida pública, fazendo seu primeiro sinal. Até hoje o batismo é o primeiro sinal que marca nossa vida pública como seguidor ou seguidora de Jesus. O batismo aponta para o Novo que está chegando, depois que a antiga religião, simbolizada nas seis talhas vazias, apresenta-se esgotada. A água, o grande símbolo do batismo, é trazida pelos serventes, que seguem e obedecem às palavras de Jesus. Quando Jesus manda os serventes servirem essa água, ela se transforma no vinho que salva aquela festa de casamento. A abundância de vinho gratuito é o grande sinal do Reino de Deus.

A recomendação da Mãe de Jesus aos serventes é o último grande recado do Antigo Testamento aos que, agora, pelo batismo, assumem a nova Aliança: "Façam tudo o que ele lhes disser" (Jo 2,5). As palavras da Mãe simbolizam todo o Antigo Testamento apontando para Jesus como o realizador das promessas. Daqui em diante, os batizados devem dar um rumo a sua vida, seguindo as palavras e os gestos de Jesus de Nazaré.

Esse episódio da festa em Caná se inspira em uma passagem do profeta Isaías: "Atenção! Todos vós que estão com sede, venham buscar água. Venham também os que não têm dinheiro: comprem e comam sem dinheiro e bebam vinho e leite sem pagar. Por que gastar dinheiro com coisa que não alimenta e o salário com aquilo que não traz fartura? Ouçam-me com atenção e comerão bem e saborearão pratos suculentos. Deem ouvidos a mim, venham para mim, me escutem, e vocês viverão. Farei com vocês uma Aliança definitiva" (cf. Is 55,1-3).

O evangelho de João quer mostrar Jesus como o verdadeiro noivo. O casamento em Caná quer mostrar que Jesus é o verdadeiro noivo que veio para o tão esperado casamento, garantindo um vinho novo, gostoso e abundante. Conforme o último testemunho de João Batista, Jesus é, de fato, o noivo tão esperado (cf. Jo 3,29). Esse casamento definitivo, sinal do triunfo do Reino de Deus, é descrito com belas imagens no livro do Apocalipse (Ap 19,7-9; 21,2-4.9-14).

O batismo é um gesto corajoso, subversivo mesmo, que marca a chegada de uma novidade que estava fora dos círculos do poder religioso daquela época. As iniciativas, tanto da Mãe quanto as de Jesus, acontecem à revelia dos donos da festa. Nem Jesus, nem sua Mãe, nem seus discípulos, nem os serventes eram os donos da festa. O texto mostra ainda que eles não foram pedir licença aos donos da festa. E o mordomo, que deveria controlar a festa, se vê surpreendido pela chegada de um vinho muito melhor. A proposta de renovação religiosa trazida por Jesus nunca pediu licença aos donos do poder religioso daquela época. Até hoje a verdadeira renovação passa por pessoas que não pertencem aos círculos do poder.

2º círculo

João 2,13-21
A purificação do Templo
O corpo humano é o mais perfeito templo de Deus

"Mas o templo de que Jesus falava era seu corpo"
(Jo 2,21)

Acolhida

Criar um bom ambiente. Dar as boas-vindas. Colocar as pessoas à vontade. Canto Inicial. Introduzir brevemente o assunto que vai ser refletido, meditado e rezado neste encontro. Invocar a luz do Espírito Santo.

Refletir sobre nosso Batismo

Em nosso encontro de hoje vamos ver como Jesus entra no templo de Jerusalém, o lugar mais sagrado da religião, e expulsa comerciantes e cambistas. É o conflito entre a antiga religião em seu templo feito de pedras e a nova proposta de Jesus centrada no novo templo, que é seu próprio corpo. Esse novo templo está presente nas comunidades. Nossos corpos de batizados são pedras vivas (cf. 1Pd 2,5) que colaboram na construção desse novo templo. Vamos conversar sobre isso.

1. Qual é sua relação com seu próprio corpo?
2. Em uma sociedade como a nossa, de que maneira o corpo humano é valorizado? E como é desvalorizado?

Olhar para o texto na perspectiva batismal

Vamos ler o texto que descreve a verdadeira faxina que Jesus faz no templo da antiga religião. Durante a leitura vamos prestar atenção nos gestos e nas palavras de Jesus, apontando para o templo de seu corpo.

Leitura do texto: **João 2,13-25**

Perguntas para a reflexão

1. O que mais chamou sua atenção nesse texto? Por quê?

2. A partir desse texto, onde encontramos hoje o verdadeiro templo de Deus?

3. Você se sente parte do verdadeiro templo de Deus? Como?

Celebrar a vida nova no Batismo

Colocar em forma de prece as descobertas feitas no encontro de hoje. Após cada prece repetir o refrão: "Ajuda-nos, Senhor, a ser um templo santo de Deus".

Que compromissos batismais nos está pedindo a reflexão dessa Palavra de Deus?

Rezar um Salmo. Sugestão: Salmo 40(39) – Fazer a vontade de Deus.

Concluir com um Pai-nosso.

Comentários ao texto aprofundado no círculo

Os evangelhos de Mateus, Marcos e Lucas colocam a purificação do templo no fim das atividades de Jesus. Essa ação violenta de Jesus contra o sistema religioso centrado no templo seria um dos motivos que levaram as autoridades religiosas dos judeus a prender e a condenar Jesus. O evangelho de João coloca esse mesmo episódio no começo das atividades de Jesus. É para que as comunidades entendam que a vida pública de Jesus começa justamente quando ele se revela o verdadeiro templo de Deus. Assim também os batizados começam sua vida pública de testemunho de Jesus após se tornarem templos vivos de Deus, purificados pelo sinal do batismo.

As primeiras comunidades cristãs eram todas formadas por gente vinda do judaísmo da Palestina. No início, as comunidades continuavam ligadas ao templo de Jerusalém, frequentando o santuário para fazer suas orações (At 2,46; 3,1). Com o tempo, foram entrando nas comunidades judeus helenistas e samaritanos, que não davam importância ao templo. A presença dessas pessoas fez com que as comunidades começassem a perceber que a prática libertadora de Jesus tornava inúteis o templo, os sacrifícios e os sacerdotes.

Com a destruição do templo no ano 70, as comunidades releram as palavras de Jesus e concluíram que o templo e a antiga religião, centrada nos sacrifícios, estavam ultrapassados. A Glória de Deus não necessita de espaço feito por mãos humanas (cf. Is 66,1-3; Jr 7,1-11; Jo 4,21). Eles passaram a admitir que, em Jesus, Palavra de Deus feito corpo humano, reside a Glória de Deus (cf. Jo 1,14). Jesus é o novo e verdadeiro templo. O corpo de Jesus, ou seja, sua realidade humana, é agora o local em que habita a plenitude da Divindade (Jo 2,21-22).

A partir dessas descobertas as comunidades elaboram a catequese batismal. Ser batizado é assumir-se como templo de Deus. Paulo já ensinava isto: "Não sabeis que vosso corpo é templo do Espírito Santo, que está em vós e que recebestes de Deus, e que, portanto, vós não vos pertenceis?" (1Cor 6,19). Na mesma carta ele diz que as pessoas batizadas formam um novo corpo: "Pois todos nós fomos batizados num só Espírito para sermos um só corpo, quer sejamos judeus ou gregos, quer escravos ou livres" (1Cor 12,13). Para Paulo, cada pessoa batizada traz em seu corpo, como ele mesmo, "as marcas de Jesus" (Gl 6,17).

Segundo a Primeira Carta de Pedro, a comunidade cristã dos batizados e batizadas forma o verdadeiro templo de Deus: "E vós também, como pedras vivas, tornai-vos um edifício espiritual e um sacerdócio santo, para oferecerdes sacrifícios espirituais aceitos por Deus, através de Jesus Cristo" (1Pd 2,5).

Também a carta aos Hebreus faz uma comparação entre os antigos sacrifícios e o sacrifício de Jesus por meio de seu corpo humano, em uma citação inspirada no Salmo 40,6-8: "Eis por que, ao entrar no mundo, Cristo diz: não quisestes sacrifícios nem oblações, mas preparaste-me um corpo. Não te agradaram holocaustos nem sacrifícios pelo pecado. Então eu disse: 'Eis-me aqui, ó Deus, venho para fazer tua vontade'" (cf. Hb 10,5-7).

3º círculo

João 3,1-13
Batismo é nascer de novo
O diálogo catequético entre Jesus e Nicodemos

"Tem que nascer de novo para poder ver o Reino de Deus" (Jo 3,3)

Acolhida

Criar um bom ambiente. Dar as boas-vindas. Colocar as pessoas à vontade. Canto Inicial. Introduzir brevemente o assunto que vai ser refletido, meditado e rezado neste encontro. Invocar a luz do Espírito Santo.

Refletir sobre nosso Batismo

No encontro de hoje vamos aprofundar a conversa catequética entre Jesus e Nicodemos. Nicodemos simboliza os catecúmenos que buscam o batismo. Ele ouviu falar dos sinais que Jesus realizava e ficou intrigado. Os sinais geraram nele o desejo de conhecer melhor Jesus e de entender sua proposta. Nicodemos era dessas pessoas estudadas e bem posicionadas que pensava entender as coisas de Deus melhor do que os outros. Ele queria confrontar a novidade de Jesus com a doutrina na qual ele tinha sido ensinado. Na conversa, Jesus faz Nicodemos perceber que a única maneira de alguém conseguir captar a proposta de Deus é "nascer de novo". Hoje, acontece a mesma coisa conosco. Somos como Nicodemos: só aceitamos como novo aquilo no qual fomos formados e ensinados. O que não estiver de acordo passa a ser recusado como sendo contrário à antiga tradição. Batismo pede conversão, uma mudança radical de cabeça e de coração. Vamos conversar sobre isso.

1. Como você costuma reagir diante das novidades que se apresentam na sociedade ou na Igreja? Por quê?

2. Você já passou por alguma experiência de vida que lhe deu a sensação de nascer de novo? Conte.

Olhar para o texto na perspectiva batismal

Vamos ler o texto que descreve a conversa catequética entre Jesus e Nicodemos. É uma catequese de perguntas e respostas. Durante a leitura vamos prestar atenção nas perguntas que Nicodemos faz e nas respostas de Jesus.

Leitura do texto: **João 3,1-13**

Perguntas para a reflexão

1. O que mais chamou sua atenção nesse diálogo catequético? Por quê?
2. A partir das perguntas de Nicodemos, quais eram as dúvidas dos catecúmenos daquela época?
3. Nicodemos não entendeu bem quando Jesus falou que batismo é nascer de novo. E você, como entende essa resposta de Jesus?

Celebrar a vida nova no Batismo

Colocar em forma de prece as descobertas feitas no encontro de hoje. Após cada prece, repetir o refrão: "Obrigado, Senhor, por eu ter nascido de novo".

Que compromissos batismais nos está pedindo a reflexão dessa Palavra de Deus?

Rezar um Salmo. Sugestão: Salmo 32(31) – O amor de Deus nos faz renascer.

Concluir com um Pai-nosso.

Comentários ao texto aprofundado no círculo

No evangelho de João Nicodemos é uma figura simbólica. Nas três passagens em que ele aparece (Jo 3,1-13; 7,50-52; 19,39), podemos perceber que ele, gradativamente, vai tomando coragem e fazendo sua opção por Jesus e pelo Evangelho. Assim ele se revela uma pessoa piedosa e sincera, mas que levou certo tempo até entender toda a proposta de Jesus. Pela linha do tempo do evangelho de João, esse processo todo dura uns três anos. Era o tempo que os catecúmenos levavam até estarem em condições de pedirem o batismo à Igreja.

Quando os evangelistas recolhem diálogos, conversas, falas e discursos de Jesus, eles têm presente as dificuldades e os problemas das pessoas e das comunidades da época em que eles escrevem. Por isso as perguntas que Nicodemos faz a Jesus traduzem as dúvidas e as inseguranças das pessoas que estavam em processo de formação, tendo em vista o sinal do batismo.

As respostas de Jesus para Nicodemos revelam a catequese batismal das comunidades cristãs no final do primeiro século. O batismo de Jesus era diferente do batismo feito por João Batista ou mesmo pelos essênios. Para João Batista e seus discípulos, batismo era um banho purificador que sinalizava um retorno às antigas esperanças do povo ao entrar na Terra Prometida. Por isso mesmo, o Batista batizava no mesmo lugar em que Josué havia atravessado o Rio Jordão e entrado na terra. Já os essênios viam o batismo como um banho ritual, purificador dos pecados.

Para Jesus, o batismo é um novo nascimento. Jesus explica a Nicodemos o que significa "nascer da água e do Espírito". É uma alusão muito clara à proposta batismal cristã. Para Jesus, "o que nasce da carne é carne", ou seja, todos nós temos um único nascimento carnal, biológico, quando nascemos de nossa mãe. Mas o que "nasceu do Espírito é Espírito" significa que, por meio do batismo nascemos de uma única e definitiva vez para Deus. Por isso, assim como se nasce uma única vez biologicamente, também se nasce uma única vez para Deus por meio do batismo. Sempre acreditamos que existe um único e definitivo batismo. Como diz a carta aos Efésios: "Há um só Senhor, uma só fé, um só batismo" (Ef 4,5). Ninguém pode ser batizado duas vezes.

Uma pergunta de Nicodemos também é bastante simbólica sobre o batismo. É quando ele pergunta: "Como pode alguém, sendo velho, nascer de novo?" (Jo 3,4). Para Paulo, o batismo é justamente uma regeneração espiritual onde acontece a "morte do homem velho" e o nascimento de uma pessoa nova em Cristo (cf. Cl 3,9-10; Ef 4,22-25).

4º círculo

João 3,22-36
O último testemunho de João Batista

O Batismo de Jesus é maior que o de João Batista
"É preciso que ele, Jesus, cresça e eu diminua"
(Jo 3,30)

Acolhida

Criar um bom ambiente. Dar as boas-vindas. Colocar as pessoas à vontade. Canto Inicial. Introduzir brevemente o assunto que vai ser refletido, meditado e rezado neste encontro. Invocar a luz do Espírito Santo.

Refletir sobre nosso Batismo

Em nosso encontro de hoje vamos aprofundar um conflito existente entre os discípulos de João Batista e os discípulos de Jesus. O movimento de Jesus começa a crescer. Cada vez mais gente entrava nas comunidades cristãs por meio do batismo (cf. Jo 4,1). Os discípulos de João começam a sentir certa inveja desse crescimento do movimento de Jesus. Surge, assim, uma tensão entre os dois movimentos. Mas o texto mostra que João cede sua liderança a Jesus. Não é fácil ceder o lugar e a liderança aos outros que estão colaborando na mesma missão. Vamos conversar sobre isso.

1. Por que é tão difícil uma renovação de lideranças em nossas comunidades? Por que as pessoas se apegam tanto aos cargos e às posições?
2. Você já viveu alguma experiência ou situação nesse sentido? Como a enfrentou?

Olhar para o texto na perspectiva batismal

Vamos ler o texto que descreve o último testemunho que João Batista dá a respeito da missão de Jesus. Durante a leitura, vamos prestar atenção nos conflitos existentes entre os discípulos de João e a comunidade dos seguidores de Jesus.

Leitura do texto: **João 3,22-36**

Perguntas para a reflexão

1. O que mais chamou sua atenção nesse texto? Por quê?
2. Qual a causa da inveja dos discípulos de João Batista?
3. Como João apresenta Jesus? De que maneira o testemunho de João orienta seus discípulos a superarem a inveja?
4. Como esse episódio nos ensina a superar os conflitos em nossas comunidades hoje?

Celebrar a vida nova no Batismo

Colocar em forma de prece as descobertas feitas no encontro de hoje. Após cada prece repetir o refrão: "Envia teu Espírito, Senhor, e renova minha existência".

Que compromissos batismais nos está pedindo a reflexão dessa Palavra de Deus?

Rezar um Salmo. Sugestão: Salmo 37(36) – Entrega teu caminho ao Senhor.

Concluir com um Pai-nosso.

Comentários ao texto aprofundado no círculo

No primeiro século da Era Cristã ressurge na Palestina o movimento profético. Dois novos profetas se destacam: João, apelidado de Batista, e Jesus de Nazaré. Surgem assim dois movimentos que acolhem seguidores e seguidoras que, aos poucos, vão se espalhando pelas regiões da Palestina e da Ásia Menor. Onde quer que houvesse comunidades de judeus, havia gente que tinha entrado em contato com esses dois movimentos. Vistos pelos de fora, esses dois movimentos eram muito semelhantes entre si. Os dois anunciavam a chegada do Reino de Deus (cf. Mt 3,1-2; 4,17). Ambos também adotaram o ritual do batismo (cf. Jo 4,1). Assim, durante um bom tempo, esses dois movimentos caminharam juntos.

Com o tempo, os evangelhos mostram que começaram a aparecer tensões entre os seguidores do Batista e os seguidores de Jesus. Por isso mesmo, todos os quatro evangelhos destacam os testemunhos dados por João Batista, apontando Jesus como o verdadeiro realizador das promessas, o verdadeiro Messias. João dizia: "Ele deve crescer e eu devo diminuir" (Jo 3,30). Essa afirmação de João valia não apenas para os discípulos de João, na época em que os dois movimentos surgiram, mas também para os discípulos das comunidades do Batista, no final do primeiro século da Era Cristã.

O evangelho de João sugere que os primeiros discípulos de Jesus saíram do movimento do Batista (cf. Jo 1,35-39). Ao longo do tempo, outros discípulos de João foram entrando no movimento de Jesus, causando alguns transtornos quanto à formação e à prática do Evangelho. Foi o caso de Apolo, "homem eloquente e instruído nas Escrituras" (At 18,24). Ele havia sido batizado no movimento de João Batista, entrou na Igreja cristã em Éfeso e começou a instruir o povo. Áquila e Priscila, "ao escutá-lo", perceberam que algo faltava. "Eles o tomaram consigo e, com mais precisão, expuseram-lhes o Caminho de Deus" (At 18,26). Ao que parece, a grande diferença entre os dois batismos era que o batismo de João era um banho de purificação "como sinal de arrependimento" (cf. At 19,4), ao passo que o batismo cristão era um novo nascimento no Espírito. Por isso os que tinham sido batizados no movimento do Batista, como aqueles doze homens em Éfeso, "nunca ouviram falar que havia um Espírito Santo" (cf. At 19,1-7).

Por isso a bonita resposta que João Batista dá a seus discípulos no texto aprofundado (Jo 3,27-30) ajudava-os a ver as coisas com mais objetividade. João usa três argumentos: 1) Ninguém recebe nada a não ser aquilo que lhe foi dado por Deus. Se Jesus realizou sinais tão bonitos é porque recebeu esse dom de Deus (Jo 3,27); 2) João reafirma que ele mesmo não é o Messias, mas apenas o precursor encarregado de preparar o caminho (Jo 3,28); 3) Aqui João retoma a comparação tirada da festa de casamento em Caná. Naquela época, quando havia uma festa de casamento, os "amigos do noivo" aguardavam a chegada dele na casa da noiva para apresentá-lo a sua futura esposa. Nesse texto João se compara a um "amigo do noivo", para apresentar Jesus a sua futura esposa: o novo povo de Deus (cf. Jo 3,29-30).

5º círculo

João 4,1-15
Transformar-se em fonte de água viva
O diálogo catequético entre Jesus e a Samaritana

"A água que ele, Jesus, nos dará será uma fonte dentro de nós" (Jo 4,14)

Acolhida

Criar um bom ambiente. Dar as boas-vindas. Colocar as pessoas à vontade. Canto Inicial. Introduzir brevemente o assunto que vai ser refletido, meditado e rezado neste encontro. Invocar a luz do Espírito Santo.

Refletir sobre nosso Batismo

O texto que vamos meditar hoje narra o encontro entre Jesus e uma mulher da Samaria. Um encontro inesperado entre duas pessoas bem diferentes. Por isso mesmo surge um diálogo penoso e difícil, tanto para Jesus quanto para aquela mulher. Jesus está num ambiente hostil, já que existem rivalidades entre judeus e samaritanos. Por outro lado, a samaritana está indo ao poço fora do horário normal e estabelece uma conversa com um homem, coisa malvista naquela época. Não é fácil estabelecer um diálogo sem preconceitos com pessoas estranhas, ainda mais se o assunto é religião. Hoje também em nossas comunidades, às vezes, aparecem pessoas diferentes, de outras regiões e de outras religiões. Surgem os choques de mentalidades. Vamos conversar sobre isso.

1. Você já passou pela experiência de ser um estranho num determinado lugar? Teve de conversar com pessoas desconhecidas? Sentiu de perto barreiras e preconceitos? Como reagiu?

2. Por que as pessoas gostam tanto de discutir religião? O que revelam nessas discussões?

Olhar para o texto na perspectiva batismal

Vamos ler o texto que nos faz participantes de um diálogo muito importante para entendermos o batismo. É um encontro inesperado entre duas pessoas bem diferentes. Durante a leitura vamos prestar atenção nas dificuldades que ambos tiveram de superar para se entenderem.

Leitura do texto: **João 4,1-15**

Perguntas para a reflexão

1. O que mais chamou sua atenção nesse diálogo catequético? Por quê?
2. Quais os assuntos principais dessa conversa entre Jesus e a samaritana?
3. De que maneira esse texto fala sobre o batismo?

Celebrar a vida nova no Batismo

Colocar em forma de prece as descobertas feitas no encontro de hoje. Após cada prece, repetir o refrão: "Transformai-nos, Senhor, em fonte de água viva".

Que compromissos batismais nos está pedindo a reflexão dessa Palavra de Deus?

Rezar um Salmo. Sugestão: Salmo 23(22) – O Senhor me conduz às águas.

Concluir com um Pai-nosso.

Comentários ao Texto aprofundado no Círculo

Jesus chega à Samaria. Ele vinha da Judeia e estava voltando para a Galileia. Ele resolve voltar para lá porque percebe que os fariseus estavam incomodados com sua atividade batismal. Por volta do meio-dia, ele chega com seus discípulos ao poço de Jacó. Cansado da caminhada, senta-se perto do poço. Os discípulos tinham ido à cidade para comprar mantimentos (Jo 4,8). Estando sozinho, ele percebe que uma mulher samaritana veio buscar água no poço. Naquela época, um poço era um lugar tradicional de encontro público, ideal para se estabelecer conversas. Hoje, seria uma praça de alimentação em um *shopping* qualquer. É nesse poço que Jesus vai estabelecer um diálogo longo e difícil com a mulher samaritana. Mas um diálogo muito importante para conhecermos melhor a proposta de Jesus em relação ao batismo.

Não há nada de extraordinário em um poço. Água, balde, corda eram elementos que marcavam o mundo do trabalho daquela mulher samaritana. Jesus toma a iniciativa do diálogo. Ele parte de uma carência bem concreta e pessoal. Ele manifesta sua sede e pede: "Dá-me de beber?" Pela pergunta, a samaritana percebe que Jesus necessita do trabalho dela para resolver o problema dele. Uma boa maneira pedagógica de desarmar um adversário para estabelecer um diálogo. Jesus desperta nela a importância do gesto de ajudar e de servir.

Todo o diálogo é centrado no elemento água. Desde o começo da conversa, Jesus usa a palavra água em dois sentidos: água como elemento natural e normal, que mata a sede, e água como elemento simbólico, como fonte que gera a verdadeira vida e nos comunica o Espírito. Esse dom, de que Jesus fala para a samaritana, já havia sido prometido desde os profetas do Antigo Testamento (cf. Ez 47,1-12; Zc 14,8).

É aqui, em relação à palavra água, que o diálogo revela toda a sua riqueza catequética. A samaritana entende a palavra água em seu sentido natural, da água que é necessária para matar a sede do corpo. Assim, quando Jesus busca tirá-la do normal da vida e jogá-la no mundo do simbólico, surge uma tensão entre os dois. Não é fácil, até hoje, fazer uma pessoa sair de seu mundo natural e entrar no mundo do simbólico. Jesus tenta, com muita paciência, ajudar essa mulher samaritana a passar para um outro nível de entendimento. Por outro lado, a insistência da samaritana em permanecer no nível normal e natural, presa às questões do dia a dia, mostra que existia, entre os catecúmenos, uma resistência em acolher a proposta de Jesus e entrar no mundo do simbólico e do transcendente.

Até hoje, por meio da água, a celebração do batismo nos faz mergulhar no mundo do simbólico. Essa passagem só se fará se tivermos as mesmas atitudes daquela mulher samaritana. Dialogando com as palavras e propostas de Jesus, ela vai se deixando trabalhar pelos ensinamentos apresentados por ele. No final da conversa, ela faz um gesto simbólico de ruptura: ela deixa de lado o balde e volta sem água do poço para o povoado dos samaritanos (Jo 4,27-30). Ela não leva mais a água normal e natural. Ela não precisa mais do poço. Agora ela leva a água viva que é a palavra e a proposta de Jesus. Transformada, agora, ela mesma é "uma fonte de água que jorra para a vida eterna" (Jo 4,14). Chegando ao povoado, ela se revela uma "apóstola" e anuncia: "Venham ver um homem que me disse tudo o que eu fiz. Não será ele o Messias?" (Jo 4,29). Esse anúncio é a partilha que ela mesma faz dessa nova água com as pessoas do povoado. Com esse anúncio ela os encaminha para Jesus (Jo 4,30).

6º círculo

João 4,43-54
Batismo é um sinal que cura
A cura do menino em Caná da Galileia

"O homem acreditou nas palavras de Jesus" (Jo 4,50)

Acolhida

Criar um bom ambiente. Dar as boas-vindas. Colocar as pessoas à vontade. Canto Inicial. Introduzir brevemente o assunto que vai ser refletido, meditado e rezado neste encontro. Invocar a luz do Espírito Santo.

Refletir sobre nosso Batismo

O texto que conclui a catequese batismal do evangelho de João narra a cura de um menino pagão. Seu pai, aflito, vai em busca de Jesus, pedindo a cura para seu filho. Ele mora em Cafarnaum e Jesus está em Caná. Apesar disso, ele vai até lá por amor a seu filho doente. Hoje em dia, com a falência do sistema de saúde, muitos pais também ficam angustiados devido às doenças que atingem as crianças. As filas nos prontos-socorros e nas unidades do SUS sempre estão cheias de pessoas aflitas, sentindo-se abandonadas em um momento de fragilidade e carência, principalmente em época de pandemia. Vamos conversar sobre isso.

1. Você já passou por uma experiência assim, de total abandono, sem a solidariedade de ninguém? Como foi?
2. Como é o atendimento à saúde no lugar em que você mora? As pessoas se sentem seguras ou vão para outros lugares?

Olhar para o texto na perspectiva batismal

Vamos ler o texto que encerra a catequese batismal do evangelho de João. Ele acontece também em Caná e descreve a cura de um menino pagão. Durante a leitura, vamos prestar atenção nos gestos e nas palavras com que Jesus acolhe o pai desse menino.

Leitura do texto: **João 4,43-54**

Perguntas para a reflexão

1. O que mais chamou sua atenção nesse texto? Por quê?
2. De que maneira o texto descreve a verdadeira fé em Jesus?
3. O que nos ensina sobre o batismo esse segundo sinal de Jesus, em Caná da Galileia?

Celebrar a vida nova no Batismo

Colocar em forma de prece as descobertas feitas no encontro de hoje. Após cada prece, repetir o refrão: "Fazei-nos, Senhor, acreditar em vossa Palavra".

Que compromissos batismais nos está pedindo a reflexão dessa Palavra de Deus?

Rezar um Salmo. Sugestão: Salmo 6 – Deus atende aos aflitos.

Concluir com um Pai-nosso.

Comentários ao texto aprofundado no círculo: lembrando o caminho percorrido

Para entendermos a dinâmica da catequese batismal apresentada no evangelho de João, temos de perceber os passos dados entre os dois sinais feitos por Jesus em Caná da Galileia. Esses quatro passos apontam para a dinâmica da evangelização feita pela comunidade do Discípulo Amado.

1º passo: Nas bodas de Caná Jesus está presente com seus discípulos. Esses discípulos são todos **galileus** (cf. At 2,7). O sinal de transformar a água em vinho levou os discípulos a "crer em Jesus" (cf. Jo 2,11). O sinal confirma uma opção feita pelos seguidores e seguidoras de Jesus que se identificam com os serventes. De agora em diante, o rumo da vida de um batizado é fazer "tudo o que Jesus disser" (cf. Jo 2,5).

2º passo: Depois vem o diálogo de Jesus com Nicodemos, lá na Judeia, onde um **judeu** importante, doutor da Lei e membro do Sinédrio, converte-se a partir dessa conversa com Jesus. Mas Nicodemos é medroso. Ele vem procurar Jesus durante a noite, atraído pelos sinais que Jesus fazia. O texto sugere que ele tem dificuldades para crer. Sua fé depende dos sinais. As palavras de Jesus vão, gradativamente, modificar a vida desse nobre judeu. No final de todo o seu processo de conversão, Nicodemos corajosamente dará sepultura ao corpo de Jesus (Jo 19,39).

3º passo: Em seguida, vem o diálogo de Jesus com a Samaritana. Ela é uma mulher sem nenhuma importância social, desprezada e marginalizada. Ela não veio procurar Jesus diretamente. Mas é uma mulher sedenta que busca, em plena luz do dia, uma água que sacie. Ela não aguenta mais a água parada e morna do poço de Jacó. Ela se sente atraída pela proposta de Jesus. A partir dessa conversa, a samaritana se torna evangelizadora de seu próprio povo. A partir do testemunho dela, os **samaritanos**, desprezados e marginalizados pelos judeus, convertem-se e aceitam Jesus como o Messias esperado (cf. Jo 4,42).

4º passo: Por fim, novamente em Caná na Galileia, Jesus volta sua atenção para um funcionário real. Ao que tudo indica, esse funcionário está a serviço de um "outro rei", que o texto não diz quem é. Podemos considerá-lo um **pagão** como nos outros evangelhos (cf. Lc 7,1-10). Na busca pela saúde do filho, ele "ouviu dizer" que Jesus estava em Caná. Sabendo dos sinais, ele vai ao encontro de Jesus e expõe suas angústias. Mais uma vez, a fé depende dos sinais.

Jesus o repreende, mas o acolhe (Jo 4,48). Esse funcionário pagão agora passa também a "acreditar nas palavras de Jesus" (Jo 4,50). Ele acredita da mesma forma que os discípulos galileus depois do primeiro sinal.

Assim se completa a trajetória do Evangelho: todos são chamados ao seguimento de Jesus. Isso vale para os *galileus*, os *judeus*, os *samaritanos* e os *pagãos*. Como diz aquela profecia inspiradora de Isaías, que vimos no episódio das bodas em Caná: "Agora você vai convocar um povo desconhecido; um povo que não conhecia você virá correndo para procurá-lo: tudo por causa do Senhor seu Deus, por causa do santo de Israel, porque ele glorificou você" (Is 55,5).

Jesus veio para todos e todas. Qualquer pessoa pode pedir e acolher o batismo. Somos todos iguais diante de Deus. Como diz o apóstolo Paulo: "Todos vós sois filhos de Deus pela fé em Cristo Jesus. Todos vós, que fostes batizados em Cristo, vos revestistes de Cristo. Por isso já não há mais judeu nem grego, nem escravo nem livre, nem homem nem mulher, pois todos vós sois um só em Cristo Jesus" (Gl 3,26-29).

CARLOS MESTERS é frade Carmelita, doutor em teologia bíblica. É natural da Holanda e ligado à caminhada das Comunidades Eclesiais de Base. Ajudou a criar o CEBI (Centro de Estudos Bíblicos).

....

FRANCISCO OROFINO é leigo católico, Prof. Dr. em teologia bíblica. É assessor nacional do CEBI (Centro de Estudos Bíblicos) e membro da Comissão para Animação Bíblico Catequética da CNBB.

Este livro foi composto com as famílias tipográficas Bree e Calibri
e impresso em papel Offset 75g/m^2 pela **Gráfica Santuário.**